DEUX

DISCOURS

DU

DOCTEUR LAVALLÉE

SUIVIS D'UNE

LETTRE AUX RÉPUBLICAINS

DE LA CHARENTE

SAINTES

IMPRIMERIE LOYCHON & RIBÉRAUD

5, rue de la Comédie, 5

1880

La République est le gouvernement qui coûte le moins cher.

Exemple : Napoléon avait *quarante millions* de liste civile, sans compter tout ce qu'il prenait, puisqu'il était le maître de notre bourse comme il l'était de notre sang.

Le président Grévy a *cinq cent mille francs* d'appointements. Le ministre des finances est responsable devant la Chambre qui est souveraine.

***

La République est le gouvernement de la *paix*. La Chambre seule a le droit de déclarer la guerre.

L'Empire était le gouvernement de la *guerre*. Pour un *Oui* pour un *Non* Napoléon III déclarait la guerre :

Exemple : *Guerre de Crimée ;*
Guerre de Syrie ;
Guerre d'Italie ;
Guerre de Chine ;
Guerre du Mexique ;
Guerre de Prusse.

Douze années de guerre en *dix-huit* années de règne.

SAINTES, IMPRIMERIE LOYCHON ET RIBÉRAUD.

DISCOURS

PRONONCÉ

AU BANQUET DE VILLEFAGNAN

Avant le 2 décembre 1851, Napoléon devait *cinq millions quatre cent quarante-neuf mille francs* à miss Howard et *trois cent vingt-neuf mille francs* au sieur Pallavicino (papiers des Tuileries, 6e et 7e livraisons, pages 171 et 203). Avec notre argent, Napoléon III a fini de payer ses dettes en 1855; plus tard, avec notre argent, il a pu acheter des propriétés immenses à l'étranger; maintenant les Bonapartes sont pauvres comme avant; et vous voudriez, Charentais, mes amis, confier encore votre bourse à une famille aussi dépensière... Dieu de Dieu! auriez-vous perdu la tête?

MESSIEURS,

C'est une bonne fortune pour moi, pour nous tous, de voir aujourd'hui au milieu de républicains qui ne veulent plus de République sans républicains, un homme qui, par la position qu'il occupe auprès du chef de l'Administration départementale, jouit d'une réelle importance. (1)

Que l'Administration se mette ainsi en rapport avec les républicains de la Charente, et elle verra ce que sont ces hommes négligés par elle. En constatant ce qu'ils souffrent, il lui sera facile de deviner tout ce qu'ils ont souffert depuis que la République existe, — sous le 16 Mai particulièrement.

Elle verra qu'aujourd'hui encore ils ont à subir des vexations et des insultes journalières dont les auteurs sont ceux-là même qu'elle protége et soutient.

Elle comprendra alors que nous cherchions à nous débarrasser du poids qui nous oppresse; elle comprendra pourquoi nous avons fait le banquet de Ruffec, pourquoi ce banquet a porté ses fruits, pourquoi quinze jours après nous sommes ici au banquet de Villefagnan. (Bravos.)

Il appartenait, Messieurs, à un homme chez qui nous aimons et la personne privée et la personne publique, de continuer l'œuvre commencée.

(1) M. MATIGNON, secrétaire général du préfet, assistait au banquet.

Je ne suis point de ceux dont la bouche emmiellée distille la flatterie; qu'il me soit permis pourtant de remarquer que, dans notre pays, mon confrère Bariller est un des bien rares républicains de conviction appartenant à la bourgeoisie.

A lui plus qu'à tout autre, pour nous réunir en ce charmant banquet, il appartenait de choisir l'anniversaire de la proclamation de la première, de la grande République, la libératrice des peuples, le 21 septembre 1792 (Applaudissements.)

On ne saura jamais quelle émotion cette proclamation produisit dans le monde entier, dans la chaumière du pauvre et dans le palais des rois; les pays voisins en furent ébranlés; les monarchies plièrent sous ce souffle impétueux; les vieux trônes de l'Europe oscillèrent sur leur base; les peuples respirèrent enfin, ils tournèrent vers Paris, vers la France, leurs mains suppliantes, leurs visages dégradés par la servitude. Ils sentaient que là était la liberté avec le droit de posséder. Ils savaient que depuis quelques mois le paysan français, d'esclave comme eux, était devenu propriétaire et libre de par la Révolution. Pendant que les peuples se réjouissaient, n'osaient en croire leurs oreilles, les rois, ô bêtise des peuples, levaient des armées pour écraser la République à sa naissance. Et la République, avant d'être née, avait déjà battu ces armées à Valmy, le 20 septembre 1792, à cinquante lieues de Paris.

Ne les oubliez jamais ces deux journées fameuses : le 20, à Valmy, la République était fondée par la victoire; le 21, à Paris, elle était décrétée par la Convention. (Applaudissements).

Jusque-là, la Révolution avait marché indécise, tiraillée d'un côté par des royalistes déguisés (il y en a toujours eu), de l'autre par des hommes s'ignorant encore, ne sachant trop où aller. On ne savait qu'une chose, c'est qu'on ne voulait plus du roi Louis XVI, ni de lui ni d'un autre; vingt fois parjure, vingt fois traître, ce roi s'était déclaré l'ennemi de son peuple, dans le moment même où ce peuple plein de cœur, plein d'amour, lui donnait le nom de père!

Chose étrange! la première République fut proclamée par une Assemblée de 745 bourgeois; aujourd'hui, la troisième République a contre elle la majorité de la bourgeoisie devenue réactionnaire, foncièrement anti républicaine. En 1792, la bourgeoisie était anti-cléricale, anti-catholique; en 1879, elle est enrégimentée sous la bannière des jésuites.

La République de 1792 a affermi les conquêtes de la Révolution; elle a fini d'émanciper le paysan, elle a fait des lois qui assuraient au paysan acheteur de biens nationaux la libre possession de ces biens. A cette époque, on avait une propriété pour quelques écus. L'argent manquant, elle créa du papier-monnaie, des assignats. On en fit pour dix milliards. Cette innovation permit au paysan, qui jusque-là avait été la chose du seigneur, d'acheter cette terre à laquelle il avait été attaché comme cheptel fixe. Le Trésor reprenait son papier-monnaie, et le paysan, devenu homme et propriétaire, travaillait avec courage, avec ardeur, avec joie, cette terre qui était sienne, cette terre à la propriété de laquelle il n'avait pas osé rêver. (Longs applaudissements.)

C'est bien clair : la Révolution a fait du paysan esclave un homme libre et propriétaire. La République a confirmé l'œuvre de la Révolution !...

Eh ! bien, dans notre pays, le propriétaire, l'esclave d'autrefois, maudit la Révolution, maudit la première République, et s'il osait il porterait sur la nôtre une main parricide !

Il ne voit pas qu'en frappant la République il se frappe lui-même ; il injurie celle qui a dit à ses pères : « Vous voilà de la terre, cultivez-là, soyez des hommes libres ». (Sensation. — Longs applaudissements).

La République de 1879 dit aux petits-fils des serfs, des paysans de 1792 : « Vous ne serez plus de la chair à canon ; un homme, ou empereur ou roi, ne pourra plus vous arracher à vos familles, à ce qui vous est cher ; vos ossements n'iront plus blanchir sur un sol étranger, tristes témoins de la folie des empereurs et de l'avilissement des peuples ; je suis le gouvernement de l'ordre, je ne fais qu'un avec vous, vous avez votre part dans tout ce qui se fait, votre part de prospérité, votre part de succès ; vous n'êtes rien sans moi ; je ne suis rien sans vous ; fortement unis, nous pouvons tout ; nous sommes le travail. nous sommes l'économie, le progrès et la science, nous sommes la paix universelle. » (Longues acclamations !)

Du Nord au Midi, de l'Ouest à l'Est, l'immense majorité des citoyens des campagnes a compris ce langage magnifique. Dans notre pays seul le cultivateur s'obstine à rester sourd à ces promesses, et pourtant depuis neuf années elles ont été tenues. La paix n'a pas été troublée un seul instant. De toutes parts on construit des chemins, on répare les voies navigables, on va en creuser de nouvelles, on va canaliser des rivières... Tout cela serait déjà fait n'était les intrigues d'un Sénat qui fut, dès son origine, le repaire des ennemis jurés de la République, et qui, prêts à s'entre-dévorer dans la victoire, se tiennent, dans la défaite, étroitement unis sous la bannière des Jésuites.

Donc la République de 1870 a fait ses preuves, elle nous a démontré qu'elle était indestructible. Les monarchistes coalisés n'ont pu l'étouffer à son berceau. Espèrent-ils donc l'écraser de leurs mains débiles, maintenant qu'elle a grandi ? Espérances chimériques! La République est rentrée dans le peuple comme un coin d'acier dans le cœur d'un chêne. (Applaudissements)

Malgré tout cela nos concitoyens ne veulent pas convenir que la République est l'idéal des gouvernements. Ils veulent rester bonapartistes quand même. L'Empire, cependant, ne peut revenir en France. parce que le jeune Napoléon est mort, bien mort, et que les morts ne reviennent pas, ni en leur personne, ni en celles de leurs cousins, ni en celles d'aucun membre de leur famille.

Eh ! bien, citoyens, je veux vous dévoiler ma pensée la plus intime : Les électeurs de notre département comprennent que c'en est fait de l'Empire ; s'ils restent bonapartistes, c'est que l'administration préfectorale ne veut pas s'entourer de républicains. Je dirai donc à l'administration : Faites-nous de bonne administration républicaine et nous vous ferons des élections républicaines. (Longs applaudissements)..

DISCOURS D'INAUGURATION

BIBLIOTHÈQUE POPULAIRE DE MANSLE

Depuis quelques années les bibliothèques populaires se sont accrues avec une rapidité vraiment remarquable. La société française a compris enfin qu'il était temps d'opposer une digue aux empiétements toujours grandissants du cléricalisme.

Grâce aux idées rétrogrades de la plupart, à l'indifférence des uns, à l'apathie ou au scepticisme des autres, il a fait dans nos contrées, autrefois anti-cléricales, des progrès vraiment inquiétants.

Le cléricalisme, voilà l'ennemi, s'est écrié durant la période du 16 Mai, un homme dont la popularité a atteint dans le monde un degré jusque-là inconnu. Et bien le cléricalisme subsiste toujours, il est là, toujours debout, toujours menaçant. — La lutte, plus vive que jamais, est commencée entre lui et la Révolution.

Qu'est-ce que le Cléricalisme ?

Le cléricalisme, c'est le prêtre sorti de son église, maître de l'Etat ; c'est le renversement du suffrage universel ; c'est la France aux pieds de la papauté ; c'est la suppression des principes sur lesquels repose la société moderne ; c'est le retour au Moyen-Age.

Qu'est-ce que la Révolution ?

La Révolution, c'est la France républicaine, c'est le suffrage universel, c'est l'Etat maître chez lui ; c'est le citoyen devenu l'égal du prêtre, c'est le prêtre devenu soldat comme les autres citoyens.

Vous le voyez, le cléricalisme est la négation de la Révolution. Ils sont aussi opposés l'un à l'autre que les extrémités d'une ligne droite.

Donc, au point où en sont les choses, il n'y a pas de moyen terme, pas d'accommodement.

Il faut que le cléricalisme succombe ou que la Révolution périsse. — O Révolution ! déesse libératrice, vengeresse ; toi que l'on représente armée d'un flambeau, symbole de la vérité et du progrès ; toi périr ; la France, le monde entier plongés de nouveau dans la sombre nuit du Moyen-Age ; les pénibles labeurs des fiers lutteurs des XVIe, XVIIe et XVIIIe siècles annulés : les grands principes de 89 renversés ; tant de luttes, tant de souffrances, tant de sang resteraient inutiles ; tu succomberais ; tu serais rayée de l'histoire ; tout ce qui a été fait serait un vain mot... Non !... tu ne périras pas, ô Révolution, parce que tu as pour base le suffrage universel honnêtement pratiqué et non violenté à coups de fusil comme en 1851, trompé comme sous l'Empire et persécuté comme sous le 16 Mai.

Au point de vue général, on peut définir la Révolution : le mouvement progressif plus ou moins lent qui tend à rapprocher l'humanité de la perfection. — La Révolution commence avec le monde A certaine période de l'histoire, elle semble marcher à pas de géant ; au Moyen-Age, sombre époque, éclairée seulement par la lueur des bûchers, la Révolution semble ensevelie pour toujours sous les tas d'ossements calcinés de ses martyrs. Le sang coule, les massacres se multiplient, on tue les hommes par milliers, des villes entières sont détruites, n'existent plus aujourd'hui. Lentement, mais sûrement, avec méthode, on fait le désert. — L'homme est un loup pour l'homme, s'écrie un philosophe anglais. — En une période de 20 ans l'Inquisition se vante d'avoir brûlé en une seule province d'Espagne 20,000 hommes.

Qu'a fait la Révolution ?

En 1793, au moment où les flancs du vaisseau révolutionnaire battus par la guerre étrangère et par la guerre civile paraissaient devoir s'entrouvir, la Révolution craignit d'aggraver la mort, elle chercha à adoucir le supplice en le précipitant.

Qu'a fait le Cléricalisme ?

Le cléricalisme, lui, au Moyen-Age, sans que personne ne le provoquât, s'épuisa en inventions pour augmenter la souffrance, pour la rendre poignante, pénétrante ; il trouva des moyens ingénieux pour faire que sans mourir on savourât longtemps la mort ; et, quand la mort lui arrachait une victime dont les chairs bleuies frémissaient encore, il pleurait de ne pouvoir en faire endurer davantage. Maintenant, Messieurs, la Révolution n'a plus besoin de recourir à la Force. La République est son instrument, un instrument qui lui permet d'accomplir son évolution, lentement, progressivement, sans s'arrêter une minute, sans faire un pas en arrière, sans secousses violentes, comme 93, 1830, 1848.

Qu'a fait la République ?

La République a clos l'ère des révolutions sanglantes, parce que, à l'exemple des monarchies, elle ne cherche pas à arrêter le progrès qui ne fait qu'un avec le mouvement révolutionnaire. Elle le dirige ; elle le gradue ; elle en adoucit les angles ; elle en amortit les soubresauts. La Révolution a laissé le fusil pour la seule arme qui put lui convenir sous une République ; cette arme, c'est le livre ; son but est la perfection de l'espèce humaine ; son moyen est l'instruction : Instruire, toujours instruire, encore instruire, telle est sa magnifique devise.

De quelle époque date l'Imprimerie?

Le livre n'est pas de création bien ancienne. Il commença à se répandre immédiatement après la découverte de l'Imprimerie à laquelle il est difficile d'assigner une date précise. En 1448 des essais se faisaient à Strasbourg. Louis XI, vingt ans plus tard, envoya en Allemagne un nommé Jenson pour surprendre le secret de cet art merveilleux. Quand Jenson en sut assez, il se retira à Venise, alors en République, et y monta une imprimerie. Avant la découverte de l'Imprimerie, les livres étaient écrits à la main. Devenus la propriété de quelques abbayes, feuilletés seulement par les moines, on n'en trouvait point chez les particuliers. Les grands seigneurs d'alors se faisaient gloire de leur ignorance. L'instruction était bonne pour les clercs et les manants. Les charges qui exigeaient quelque connaissance étaient le plus souvent l'apanage de familles récemment annoblies : le fils succédait au père ; les charges étaient héréditaires.

La Révolution humble, faible, chétive, à partir de la découverte de l'Imprimerie va lever la tête. Elle a le livre ; grâce à lui elle va pouvoir s'insinuer partout. Peuple, réveille-toi ! Un homme, un demi dieu, nouveau Prométhée, a ravi pour toi le feu sacré de la science. Il a déposé en ton cœur l'espérance ; espérer c'est vivre ; on t'asservit dans ce monde et on te proclame maître dans l'autre ; pauvre paria, détourne tes regards de ce ciel si éloigné, de cet inconnu ; regarde sur cette terre que tu foules, le dieu de la science vient d'y jeter un grain qui va pousser malgré les orages, les persécutions et les bûchers ; sous sa fragile enveloppe est enfermé le germe de la liberté, la réhabilitation de l'humanité par la République.

Quels furent les résultats de l'Imprimerie?

A peine découverte, l'Imprimerie se répandit rapidement en Allemagne, en France, en Italie, en Angleterre. Elle était encore au berceau quand la Réforme, éclata. Malgré le pape, malgré l'empereur d'Allemagne elle grandit et disputa le monde à la puissance papale. Sans la découverte de l'Imprimerie, on aurait encore attendu bien longtemps la révolution qui se fit au XVIe siècle dans les arts, les lettres, les sciences physiques, naturelles et mathématiques. C'est cette brillante époque que l'on désigne sous le nom imagé de Renaissance, voulant dire par là qu'après une longue nuit d'ignorance l'humanité renaissait à la vie intellectuelle. La révolution sociale de 89, cette autre fille de l'Imprimerie, ne devait avoir lieu que trois siècles plus tard.

Quels étaient les moyens de propagande employés par le cléricalisme pour arrêter le mouvement révolutionnaire de l'époque?

Pour arrêter le mouvement philosophique et religieux, la papauté effrayée se vengeait sur les livres. Elle les brûlait après avoir fait leur procès ; ou bien elle les livrait à la justice séculière pour être livrés aux flammes.

Si les cléricaux d'alors n'avaient fait que sévir contre les livres, le mal aurait été réparable ; mais, trop souvent, on brûlait et les livres et l'auteur. Ainsi mourut Dolet le 3 août 1546. Il avait 37 ans. Que d'hommes célèbres, que de savants furent alors enlevés à notre malheureux pays. Ce n'est partout qu'une odeur écœurante de chair humaine rôtie.

Les savants effrayés, emportant leurs livres, gagnent la Hollande, l'Angleterre, la Suisse. Intolérante un moment, mais revenue de son erreur, la Réforme, toute-puissante dans ces contrées, protége et défend ces hommes qui sont les porte-voix, les apôtres de la Révolution. Ceux qui restent en France sont obligés de déguiser leur pensée, de la travestir en une forme comique, burlesque. Il leur faut assaisonner leur critique, leurs idées philosophiques, de bouffonneries susceptibles d'exciter chez leur royal lecteur un rire homérique.

En 1619, on brûle Vanini à Toulouse. Avant de le livrer au bûcher on lui arrache la langue. Il était accusé d'athéisme. Tous ces hommes, dit l'histoire, moururent avec un courage farouche. Vanini avait 33 ans. En Italie on brûle les livres de Galilée; pendant ce temps le malheureux, devenu aveugle, mourut victime de la papauté, dans un cachot qui n'a rien de commun avec le Vatican, ce splendide palais ouvert de toutes parts où les dévots prétendent que le pape d'aujourd'hui croupit prisonnier sur la paille humide. Giordano Bruno est brûlé à Rome ; et Descartes, philosophe français, se sauve en Hollande tant la frayeur est grande. Comme vous le voyez, à son origine le livre était persécuté ; on commençait par le brûler, c'était un avertissement pour l'auteur ; et, finalement, on brûlait et les livres et l'auteur.

A quelle époque les Jésuites furent-ils expulsés de France?

Cet état de choses dura jusqu'à ce que les Jésuites fussent expulsés de France, en 1764.

Donnez ! donnez ! pour les pauvres Jésuites

Depuis, Messieurs, les Jésuites sont revenus, Louis XVIII leur a ouvert les portes de la France. Humbles et faibles au début, ils ont fini par acquérir des propriétés d'une valeur incalculable. Ils ont des navires d'un fort tonnage qui leur permettent de faire un commerce considérable dans les cinq parties du monde. Un particulier, quelque riche qu'il soit, laisse, à son décès, ses biens à des héritiers qui les divisent et les subdivisent.

L'ordre des Jésuites absorbe toujours sans jamais rendre ce qu'il prend

Chez les Jésuites, le chef de l'Ordre peut mourir, personne n'hérite. Ces biens immenses que vous avez vus à Bordeaux, à Poitiers, à Pons, à Richemont et dans toute ville de quelque importance, ces vaisseaux, ces bénéfices énormes sont la propriété de l'Ordre ; c'est la boule de neige allant toujours grossissant. Si l'on n'y met ordre, leur fortune finira par englober, par absorber, par écraser celle des particuliers. Ils ont bâti des colléges magnifiques ; là ils donnent aux jeunes Français une instruction anti-nationale, anti-française. La bourgeoisie dont les pères firent la révolution de 89, livre ses enfants aux bons Pères. C'est la mode aujourd'hui, dans les familles, de mettre le fils chez les Jésuites et la fille au Sacré-Cœur.

Qu'enseigne-t-on chez les Jésuites ?

De ces maisons, il sort de futurs officiers auxquels on a appris que Rome était la capitale de la France et le pape leur souverain. Comment ces hommes, dont le cœur est à Rome, sauraient-ils défendre leur pays contre les alliés de l'autorité papale ?

Des faits, toujours des faits, encore des faits

Au moment où l'effarement produit par la loi Ferry chez la gent jésuitière était à son comble, n'a-t-on pas vu à l'école militaire de Saint-Cyr de jeunes hommes signer une pétition contre une loi proposée par le gouvernement de leur pays ? L'éducation qu'ils ont reçue dans les établissements des Jésuites a laissé des traces si profondes dans leurs esprits, a altéré, a faussé leur jugement au point qu'une nouvelle éducation n'a pu leur faire comprendre qu'ils pétitionnaient, qu'ils faisaient acte de rébellion contre leur patrie. Dernièrement n'a-t-on pas vu à l'école de cavalerie de Saumur un général faire parader des Français devant un don Carlos, un roi sans royaume, qui, ne pouvant continuer à semer la ruine dans son pays, vient essayer, avec le concours de ses amis, d'allumer la guerre civile en France.

Sont-ce les républicains qui insultent l'armée ?

Est il besoin de vous rappeler cette fameuse loi sur les aumôneries militaires qui fut votée par l'Assemblée cléricale de 1871, par les députés bonapartistes de ce département ? Sous prétexte de religion par le moyen de ces lois, le cléricalisme s'est introduit dans l'armée, il y sape la discipline, contrecarre autant qu'il peut ce qui ne lui convient point, et fait des efforts inouïs pour corrompre le cœur de nos soldats, pour faire de notre armée une armée du pape. Et leurs journaux viendront nous dire que nous, républicains, nous insultons l'armée française. Jamais Bazile ne mania la calomnie avec tant d'impudence et tant de bêtise. L'armée française telle qu'elle est constituée aujourd'hui n'est-elle pas le peuple lui-même puisque tout le monde est soldat. On peut donc dire, l'armée c'est le peuple et le peuple c'est l'armée. Comment le peuple qui est républicain pourrait-il insulter l'armée qui est républicaine comme lui ? Ne sont-ils pas une seule et même chose ? Le costume diffère, le cœur reste le même.

La première République avait agrandi la France, le premier Empire l'a ramenée aux frontières de Louis XVI et le bas Empire l'a démembrée.

L'armée !... Les livres vous le diront, c'est de l'histoire, l'armée ne fut jamais plus grande que sous la première République. C'est qu'alors comme aujourd'hui elle était le peuple. Avec le peuple elle venait d'être affranchie par la Révolution. Quand vit-on de plus grands généraux, de plus nobles caractères ? Vous trouverez dans votre Bibliothèque l'histoire de ces hommes. Aujourd'hui nous sommes en paix et nous y resterons, je l'espère, les Hoche, les Marceau, les Kléber, ne sauraient se manifester ; mais l'on peut dire qu'une armée qui a produit les Labordère enfantera aux moments critiques des généraux qui sauront rivaliser avec le vainqueur de Wissembourg qui fut aussi le pacificateur de la Vendée.

Quelle est la mère du Suffrage universel ? La République de
1848. — *Qui a voulu l'étrangler ?* L'Assemblée monarchique
de 1871. — *Que voulait cette Assemblée ?* Rétablir le cens
comme sous Louis-Philippe.

Malgré tous les progrès que le cléricalisme a faits dans l'armée
et dans les classes de la société civile, il lui manque le pouvoir ;
mais il ne néglige rien pour s'en emparer. De concert avec les
réactionnaires de l'Assemblée de 1871, il a voulu porter une main
impie sur le suffrage universel, n'ayant pu le renverser, il cherche à le corrompre. Il a réuni sous son égide les trois frères
ennemis. Les bonapartistes, je parle des chefs, sont devenus ses
plus fidèles soutiens, ses meilleurs amis.

*Petits cultivateurs, attention ! Vos députés ont fait voir que,
s'ils le pouvaient, ils feraient revivre la loi du dimanche.*

Ceux qui ont été élus par notre département ont voté tous les
projets de lois proposés par les cléricaux. Ils sont plus cléricaux
que les cléricaux eux-mêmes. Comment se peut-il que notre
arrondissement, qui a toujours nourri une haine profonde contre
l'ancien régime, se soit jeté dans les bras d'hommes qui l'y ramè-
nent par des chemins détournés. N'ont-ils pas foulé aux pieds la
tradition impériale, messieurs nos députés ? Le premier Empereur,
lui, commandait à la papauté, et cela d'un ton impérieux, il s'en
était fait une servante ; c'est encore de l'histoire que vous pour-
rez lire ici) jamais le cléricalisme ne broncha sous sa main de fer,
et, aujourd'hui, triste comédie, nous voyons ici les chefs du parti
napoléonien, pauvres pygmées, tapageurs et turbulents, se vau-
trer aux pieds de cette papauté que le vainqueur d'Austerlitz
méprisait comme on méprise un instrument.

*Les députés bonapartistes d'aujourd'hui se sont faits les
valets des Jésuites*

Sans cesse ils parlent du premier Empereur, le chef de leur
dynastie, ils ont la bouche pleine de son nom. Ils ne voient pas
qu'ils n'en sont que la grimace. Qu'ils ne le voient pas, cela se
comprend, on ne se connaît pas soi-même ; mais que les électeurs
de ce pays se soient laissé prendre aux cabrioles de ces sinistres
comédiens, voilà ce que je ne comprendrai jamais.

Faut-il confondre le cléricalisme avec la religion ?

Au commencement de cet entretien, j'ai dit ce qu'était le cléricalisme ; gardez-vous bien, Messieurs, de le confondre avec la
religion. Entre eux il n'est rien de commun ; je dirai plus, le cléricalisme est l'ennemi de la religion catholique, son ennemi le
plus dangereux parce qu'il se sert de cette religion comme d'un
masque pour atteindre un but tout matériel, pour arriver à
dominer dans l'Etat, à s'emparer du gouvernement. Malgré toute
sa souplesse, toute son habileté, toute son hypocrisie, il ne réussira pas à abuser les personnes qui sont véritablement religieu-
ses, il ne réussira pas à leur faire croire qu'il est la religion.

*Quelle doit être l'attitude des républicains vis-à-vis du
cléricalisme ?*

Pour nous, Messieurs, républicains convaincus, servons-nous
de l'instrument de propagande que nous a légué l'imprimerie.

C'est une arme pacifique et sûre contre le cléricalisme, notre ennemi, puisqu'il est celui de la République. C'est dans ce but que je vous ai invité à fonder une Bibliothèque populaire. Vous avez largement répondu à mon invitation ; je n'attendais pas autre chose de votre patriotisme, je vous en remercie. Cette Bibliothèque est notre œuvre commune. Dans le choix des livres, j'ai autant que possible cherché à ne blesser la susceptibilité de personne. J'ai dû laisser de côté certains ouvrages. Il m'en a coûté, je vous l'avoue sans détour. Mais, je serai hautement récompensé de ces sacrifices, si ceux qui ont vu d'un œil de défiance la création de cette Bibliothèque, veulent bien reconnaître que ce n'est pas là l'œuvre d'un homme de parti et que je n'ai obéi qu'à un mobile, celui de faire disparaître peu à peu des germes de division qui ne peuvent être que le fait d'un malentendu puisqu'ils ne sont basés sur aucun intérêt moral ou matériel.

AUX RÉPUBLICAINS DE LA CHARENTE

Travaillez, prenez de la peine
C'est le fonds qui manque le moins.
LAFONTAINE.

Le vice le plus honteux à mes yeux, c'est de farder sa pensée.
ESCHYLLE. *Prométhée enchaîné.*

Vous allez diviser le Parti, voilà ce qu'on objecte quand vous osez émettre un vœu, une opinion, un avis concernant l'attitude que doit prendre le parti républicain dans la Charente à l'approche des élections au Conseil général et au Conseil municipal, qui doivent avoir lieu l'année prochaine.

Pour certains il est à la mode de voir partout de la division.

C'est diviser le Parti que de célébrer un anniversaire ;

C'est diviser le Parti que de faire un banquet ;

C'est diviser le Parti que de ne pas voter pour M. Bodet ;

C'est diviser le Parti que de critiquer la conduite des élus d'il y a six ans ;

C'est diviser le Parti que de faire observer que depuis neuf ans, sous prétexte de conciliation, ils ont tout sacrifié aux ennemis de la République et aux nôtres ;

C'est diviser le Parti que de remarquer que de Cognac à Angoulême et d'Angoulême à Ruffec on a mis seulement des fonctionnaires hostiles ;

C'est diviser le Parti que d'accuser de faiblesse, de mauvais vouloir, de trahison, ceux qui n'ont usé de la victoire que pour se livrer à de basses intrigues, dont nous essuyons la honte à chaque élection ;

C'est diviser le Parti que de prouver que si l'administration préfectorale a commis des fautes, c'est à nos candidats qu'elle le doit, parce qu'elle a suivi aveuglément leurs conseils mensongers ;

Si, concluant, on avance timidement qu'il serait peut-être temps de rendre ces Messsieurs à la vie privée ; oh ! alors, on ne divise plus le Parti, on le pulvérise.

Que ceux qui ont un intérêt matériel à défendre une pareille cause, viennent tenir un tel langage, cela se comprend ; mais que quelques citoyens aient pu accepter les yeux fermés une semblable théorie, voilà ce qui est regrettable tout en étant facile à expliquer : Quelques-uns de nos coreligionnaires politiques ne considèrent que l'étiquette, ils ne cherchent pas si elle a été usurpée, ils s'efforcent d'oublier des choses qui se sont passées hier, ils ne veulent pas voir ce qui se passe tous les jours. Ils ne se demandent pas si les promesses ont été tenues, si l'on s'est informé des besoins des électeurs, si on s'est mis, chaque année, en rapport avec eux, si l'on a cherché à stimuler les uns, à encourager les autres, à entraîner les indécis, à diriger enfin tous les éléments du parti républicain vers un but commun, le triomphe des idées républicaines dans la Charente.

Eh bien, que ceux qui ne veulent rien voir, rien entendre, qui renoncent à se servir de leur raison, qui préfèrent se laisser aller sur la pente glissante d'un fatalisme honteux, ne viennent plus s'étonner des échecs étonnants que l'on nous a infligés, et ceux que nous réserve encore l'avenir. Qu'ils sortent de leur bourgade, qu'ils visitent les autres départements, et, s'ils ne comprennent pas combien nous sommes devenus la risée de la France, on saura bien le leur dire quand ils oseront avouer leur pays.

Un général qui a conquis une position s'y établit, s'y fortifie pour éviter tout retour offensif de l'ennemi. Nos élus, après leur victoire remportée à nos dépens, ont-ils pris toutes les précautions nécessaires pour fortifier leur position, pour ôter à nos adversaires politiques tout espoir de revanche ? Ils n'ont rien fait pour leurs concitoyens, mais ils ont tout fait contre eux, ils ont comblé nos adversaires ; et les républicains, les hommes qui s'étaient compromis pour leur élection, négligeant leurs propres intérêts, se sont vus laissés systématiquement de côté.

Celui qui abandonne son armée est passé par les armes. Les électeurs accorderont-ils des couronnes de civisme aux chefs qui les ont ainsi abandonnés ?

Comprendront-ils que l'inaction de ces hommes a été si grande qu'elle a engendré l'indifférence, leur apathie si profonde qu'elle a jeté partout le découragement, leur aveuglement si intense qu'ils ne voient pas encore aujourd'hui tout le mal qu'ils ont fait, leur entêtement si opiniâtre qu'ils n'ont pas renoncé, eux, infime minorité, à vouloir réduire par leur ténacité outrageante une majorité trop convaincue pour se laisser entamer, trop honnête pour se laisser corrompre.

En 1870 ils ont été mis à même de convertir à la République la population charentaise. Dès ce moment leur pusillanimité a donné du cœur aux bonapartistes atterrés. Ils ont laissé tout en place. Les élections venues ils se sont livrés à de basses intrigues. Après la défaite ils n'ont pu dire, tout est perdu fors l'honneur. — Le 16 Mai n'a pour ainsi dire trouvé rien à défaire après eux. Depuis que nous avons un président républicain nous sommes moins avancés qu'avant : Sous Mac-Mahon, nous pensions qu'avec un autre président on ferait quelques progrès, nous espérions ; et, maintenant, il faut avoir une foi robuste pour espérer. Voilà un an que le maréchal est parti et nous venons de nommer un homme dont le nom seul veut dire guerre civile ; nous avons amnistié un soldat que l'histoire n'amnistiera pas. Nous sommes devenus grâce à nos chefs, à ces fameux républicains, un objet de mépris pour la France.

Et ce sont ces mêmes hommes qui nous font dire par la bouche de leurs amis que nous, républicains d'action, nous divisons le parti ; s'ils pratiquaient le connais-toi toi-même, ils verraient qu'eux ils ont travaillé à son émiettement.

Est-ce donc diviser le Parti républicain que de s'efforcer de le tirer de la torpeur et de l'abaissement ?

Est-ce diviser le Parti que de chercher à l'aide des banquets à réunir ses membres épars, à relever le courage de ceux qui sont abattus, à réchauffer les tièdes, à donner du cœur aux indifférents ?

Est-ce diviser un parti que de crier aux indécis que la République existe, qu'elle est le gouvernement d'aujourd'hui et qu'elle sera celui de demain ; qu'elle est le seul qui soit possible, qu'elle est celui qui coûte le moins cher ; qu'ils n'ont, s'ils ne veulent méconnaître leurs intérêts, qu'à se rallier à ce gouvernement de paix et de tranquillité ?

Quant à ceux qui voudraient encore tenir les républicains dans une immobilité fatale, nous dirons que le parti tient trop à la vie pour lier son avenir au leur. Pendant neuf années ils l'ont bercé de vaines promesses. Il a assez marché à leur guise, il est temps qu'il marche à la sienne, il est temps d'aller en avant.

Oui ! il est temps de conjurer le danger qui nous menace ; nous nous souvenons qu'en 1878 les républicains avaient réuni 179 voix contre M. Brémond d'Ars, et qu'il ne s'en est trouvé que 170 contre M. Canrobert. Vienne une vacance, et, l'immobilité à laquelle on a condamné le parti, peut jeter notre département dans les bras de n'importe quel aventurier, s'appela-t-il Bazaine ?

Et bien, citoyens électeurs, c'est pour conjurer une telle honte qu'il nous faut tous devenir des républicains d'action.

Le drapeau de la République, élevons-le bien haut ; rallions-nous tous autour de lui ; que les indécis le voient, qu'ils sachent enfin que la République existe, qu'elle est indestructible. Alors les citoyens qui n'avaient pas cru à son existence, à sa durée, parce qu'ils n'avaient vu qu'indécision et timidité dans ceux qu'ils considéraient comme ses chefs, deviendront des énergiques soutiens du gouvernement, quand ils sentiront à la tête de la politique républicaine de ce département des hommes prêts à faire respecter la République.

Est-ce diviser le parti que de vouloir lui inoculer un peu de vie ?

A-t-on vu une armée en marche attendre les traînards ?

Le parti des républicains d'action ne se morfondra pas à attendre les partisans de l'immobilité, il ne s'en laissera pas imposer par de vains sophismes ; les menaces, les prières, rien ne saurait maintenant retarder sa marche, ni le faire dévier de la route qu'il s'est tracée.

Républicains d'action, choisissons pour nous représenter des républicains d'action, des républicains qui veuillent aller en avant.

Rappelez-vous bien ces mots : *On récolte ce que l'on a semé.*